SYV EFFEKTIVE LOV FOR

KRISTISK PERSONLIG VÆKST

VED

BISHOP OCHEI INNOCENT

Indhold

DEDIKATION

For dem, der ønsker at være som Jesus
Kristus.

"¹⁴ Men fast mad er til de modne,

som ved konstant brug har trænet

sig til at skelne godt fra ondt."
Hebraisk 5:14

FORORD

En ung mand blev født i
et stort rige . Før han kunne vokse til det
niveau, hvor han kendte sin status i
samfundet og især Riget, døde hans
forældre i en ulykke. Som et resultat af
dette blev han sendt til et fjernt rige for
at blive opdraget som en tjener. Syv
personer blev sendt med ham ind i det
nye rige. Da de kom der, gav de
anstændige opholdsrum og en månedlig
fordeling af kongen af det nye rige
gjorde dette, fordi han vidste, at han
kendte drengens forældre.

Den unge dreng voksede op ved kun at
kende hovedtjeneren der hed
Daniel. Alle i husstanden så op på
Daniel som hovedet, og Daniel bar sig
selv som en prins. Han sørgede for, at
alle hørte i husstanden bøjede sig for
ham. For mildt sagt hyldede han det
over alle inklusive den unge dreng.

Daniel var så højhåndet, at alle i husstanden følte den negative indvirkning af hans handlinger og passivitet, hvoraf hovedet var kravet om ekstra hyldest til ham .

Hans handlinger var så anmassende at en dag gjorde en af de yngre prædikener under hans oprør. Tjeneren gik hen til den unge kvinde og sagde. "Befaler mig at slå denne mand"

Den fornærmede mand talte til den unge dreng, og emnet for den absurde anmodning var Daniel.

De tre af dem er vi sammen i rummet. Den unge dreng blev overrasket, fordi han aldrig havde set nogen tale som sådan, og hvad mere blev han bedt om at give tilladelse. Hvorfor skulle nogen have brug for hans tilladelse til at tilsidesætte den almægtige Daniel?

Han troede, det var århundredets vittighed, men når den fornærmede fortsætter med at plage ham og Daniel

for at miste sin ro , giver den unge mand
tilladelse af nysgerrighed.

Til den unge mands overraskelse slog
den person, der fremsatte
anmodningen, faktisk til Daniel.

At enestående begivenheder fører til en
række ting. I slutningen af vendingen og
vendingen bruger Gud denne
begivenhed til at åbne den unge mands
øjne for sin egen status.

Alt dette, mens han ikke vidste, at han
var prins, og det er den eneste grund til,
at han var i eksil var, at hans far skrev et
testamente, som skulle dø for tidligt,
skulle solen ikke få lov til at herske. Han
skal sendes i eksil, og vi skal forblive
der, indtil han opdagede sin status.

Så alt dette, mens han havde været i
eksil, blev han underkørt og behandlet
som en slave, men han kunne ikke
kræve sine rettigheder som prins, fordi
han var uvidende om sin status.

Bibelen siger alt. En prins, der ikke kender sit sted, er på samme niveau som en slave selv i sin fars hus.

Enhver troende har en magt og autoritet, og disse beføjelser og autoriteter gør det muligt for os at udnytte i livet i og i forkyndelsen. Men når vi er uvidende om vores rettigheder og kræfter som troende, fungerer vi på samme niveau som babyer og slaver, selvom og på trods af at vores far i himlen ejer hele jorden og dens fylde.

Kan nogen derfor være berettiget til at forblive baby på et tidspunkt, hvor det formodes at være en ekspert, der knækker knogler og med rette deler sandhedens ord?

En umoden kristen gentager jeg, at det er det samme niveau med en vantro. Hans eller hendes sag er, at hende er beslægtet med en højlæsefærdig og veluddannet mand, der nægter at læse. En sådan mand, der er veluddannet, men nægter at læse, er på samme niveau som en analfabet, for hvad der er skrevet for dem begge forbliver meningsløst.

I lyset af ovenstående er det uden at sige, at alle er kristne, vil søge at vokse. I hebraisk 5:11 hører vi apostlen Paulus beklage det faktum, at der var så mange personer i kirken, som på det tidspunkt, de skulle være lærere, stadig skulle undervises i de grundlæggende elementer i kristendommen, såsom vanddåb.

Men kan sådanne personer udøve deres rettigheder i Kristus Jesus?

Bibelen i Hoseas 4: 6 beklager også, at mit folk omkommer på grund af manglende viden. Vores Herre Jesus Kristus siger selv, at sandheden vil vide, gør os frie.

Gudskelov for, at du har denne bog i dine hænder, og vi er ved at studere de syv vitale ting, du skal gøre for at blive moden på ting fra Gud.

God læselyst!

Kapitel et

LÆR, HVORDAN man beder

Tag aldrig dette for givet.

Det er virkelig meget vigtigt, at en af de første lektioner, som Jesus Kristus underviste sine disciple, var hvordan man skulle bede. Vi lærer også vigtigheden af bøn at kende, når vi tænker på, at Jesus Kristus beklagede det faktum, at disciplene bad galt. Han lod dem vide, at bøn ikke kun skulle foretages, men også skulle ske ordentligt.

Den mest bemærkelsesværdige lektion om at bede er Mattæus 7: 7, som det, hvad vi beder om, vi vil modtage. Et andet vigtigt skrift, der er værd at overveje , er Jeremias 33: 3, der siger: når du beder til Jehova, vil han lære dig skjulte og mægtige ting.

I lyset af ovenstående skrifter og mange andre finder du, at bøn virkelig er nøglen til kristen vækst.

Når du beder, begynder Gud at udfolde rigets hemmeligheder over for dig. Bøn hjælper dig med at binde djævelen og kaste ham ud af dit liv, så han ikke kan lokke dig til synd. Bøn øger din magt til at modstå djævelen, og Bibelen fortæller os allerede, at vejen til at overvinde djævelen i alle ting er at modstå. Bøn inkluderer faste, og Bibelen fortæller os, at det, der venter på Herren, aldrig bliver træt. At de skal rejse sig som ørne og udnytte.

Derfor, hvis man ønsker at vokse det første, som han eller hun skal gøre, er at lære at bede og bede uden sæson, fordi bøn bringer Guds hånd ned i en persons situation og omstændigheder.

Selv hvis du primært vil lære lektionerne i livsbøn åbner, forstår du .

Intet under at vi synger i sang, at bøn er en nøgle, og at Jesus startede med bøn

og fortsætter i bøn, mens han sidder på
højre side af Gud den Almægtige.

KAPITEL 2

LÆR AT HOLDE DET RETTE SELSKAB

Da Jesus Kristus var 12, blev han fundet ved lægernes fødder inde i templet . Han blev ikke fundet på fodboldbanen, og han blev heller ikke fundet på barer og bordeller. Efter hans egne ord blev han fundet i sin fars hus. det Bibelen fortæller os i Lukas 246 at de fandt Jesus Kristus ved foden af lægerne, men stille dem spørgsmål og lytte til deres svar.

Hvor tilbringer du din tid eller din dag?

 Hvem du flytter med Matt er et dusin. Når du bevæger dig med det rigtige sæt mennesker, vil du høre det rigtige sæt ord. Derfor må en gift kvinde aldrig gå til en prostitueret eller en mangfoldighed for at søge råd om ægteskab. Siger advokater ikke, at du ikke kan give det, du ikke har?

Bibelen fortæller mig, at tro kommer ved at høre og høre ved Guds ord, og Bibelen siger, at det uden tro er umuligt at behage Gud. Kristen modenhed handler om individets evne og beredskab til kun at gøre hvad der behager Herren.

Hvis du går i kirken, hvor cines formanes, lærer du at gå væk fra synd, men hvis du går til hvor der var meget dans og indkvartering af synd, vil jeg ikke begynde at tolerere synd eller altid blive en synder.

At holde det rigtige selskab viser, at du er fyldt med de rette ord fra Gud. Det sikrer, at du fra tid til anden er skilt fra Guds Ånd gennem håndspålæggelse. Også ved at bevæge dig med det rigtige sæt mennesker får du se, hvad de gør, og hvad de ikke gør med andre ord, du har rollemodeller til at kopiere, der er værd at blive efterlignet.

Derfor skal du i dit valg vælge at omgås mennesker, der er mere modne i dig i kristendommen, så de kan give gode moralske og åndelige eksempler for dig.

Ikke kun at de kan være dine lærere og mentorer, så de grundigt kan grundlægge dig i Guds ord.

KAPITEL 3

LÆR ANDRE DET LITLE, DU LÆRER

Det er empirisk bevist, at en af de allerbedste måder at lære er at undervise andre mennesker. Ved at undervise andre vil du minde dig selv om de ting, du har lært, og som det er tilfældet i de fleste undervisningsøvelser, finder du ud af, at de studerende stiller spørgsmål, der får dig til at gå tilbage og undersøge mere.

Modtag ikke bare og studer derefter information til dig selv, når ud til andre personer med mindre privilegium som dig selv og lær dem, hvad du lærer. jo mere du undersøger et emne inden du underviser, jo mere lærer du også.

Deres svar vil også forkæle dig for at lære

mere. Chief Obafemi En wolowo Nigeria ét sæt, at en leder skal være 10 år forud for dem, han eller hun er

førende. Dette antyder, at du vil være langt foran klassen, så de ikke er spørgsmål.

I kristne omgivelser kunne du stige fra at være en bænkvarmer til en søndagsskolelærer og måske senere til en søndagsskoleinspektør og til en præst og sandsynligvis en biskop.

Husk at praksis gør mester. Når du begynder at undervise, finder du ud af, at du bliver tvunget til at øve det, du underviser, især når du ved, at dine studerende holder øje med dig.

KAPITEL 4

AKTIVER DIN TRO

Husk, at Bibelen siger, at det uden tro er
umuligt at behage Gud. Gud vil have os
til at leve af tro og ikke af brød
alene. Dette betyder, at hvad vi end gør,
skal være baseret på tro.

I så fald hvad er tro? Vi skal også huske
på, at tro ikke er en eneste
handling. Snarere tro er en række ting
sammensat. Min egen definition af det
handler simpelthen ud fra den tro, vi
har. Hvis jeg tror, at Gud er i stand til at
frelse, skal jeg være i stand til at tage
handling baseret på denne tro. At
tage denne handling ud fra min tro er,
hvad jeg kalder tro. En ktion er
forskellen mellem tro og tro.

 Bibelen fortæller mig, at tro er beviset
på de ting, man håber på.

Den forventer at bede. Vi beder, fordi vi tror på, at Gud helt sikkert besvarer bønner!

Og det bringer mig til en anden komponent af tro, som er Tillid. Vi tager handling, fordi vi stoler på Gud. Tillid og handling er der fire komponenter i troen. Når vi står over for risiko og valg, tager vi risikoen, fordi vi stoler på Gud for beskyttelse og befrielse fra den støjende fugl.

Vi må derfor ikke tale om tro sandsynligt. Tro er en gør ting. Ingen lever primært ved at tilstå tro. Det kræver en indsats at få hende fra din komfortzone og gå ind i kampzonen for at forkynde evangeliet. Det kræver tro at opgive din fiskerbåd, afhente din kappe og følge Jesus Kristus. det kræver tro at sætte din tillid til en mand, som du ikke kendte så meget, og acceptere at leve med ham resten af dit liv. Tro er alt, hvad vi gør i livet.

Når vi sætter troen på Gud, tager han
ansvaret for vores liv. Appen
til for løverne at falde behageligt på
vores side, vi har brug for at gøre alt ved
tro, for så vidt som det involverer Gud
den Almægtige.

En god ting ved at udøve din tro er, at
når du begynder at se positive resultater,
vil du også begynde at arbejde mere og
mere ved tro. Derfor må vi lære at undgå
udsættelse og undskyldning eller frygt
for fest er det modsatte af
tro. Heller ikke stolthed og ego skal
holde os tilbage. Hvis vi virkelig stoler
på Gud, skal vi lære at bevæge os ved
troen, og inden vi begynder at handle ud
fra tro, vil vi opdage, at der ikke er
nogen bedre måde at forholde sig til Gud
end at gå efter tro.

Derfor, hvis vi ønsker at modnes i vores
kristne vækst, må vi ikke bare tale om
tro eller sætte os ned og lytte til
prædikanten tale om tro, men stå op og
handle efter det, fortabes, det er faktisk
handling.

Babyer i herren arbejder ved beregning. De ønsker ikke at foretage sig noget, før deres beregninger er afbalanceret. Det er selvfølgelig sådan, og hvorfor de er babyer i Herren. De modne vil dog altid stole på Gud og gå efter troen, som er et meget stort tegn på modenhed.

KAPITEL 5

Undersøg ordet

Der er mange grunde til, at vi skal
studere Guds ord.

Den mest åbenlyse er, at når du kender
Guds ord, vil du være i stand til at kende
Guds løfter og stille et krav til dem. For
eksempel fortæller Jeremia 1: 5-10 mig,
at mens jeg endnu var i min mors skød,
gjorde han mig til en profet for
nationerne, og jeg gav ham den magt til
at udrydde og tilintetgøre fjendens
gerninger. Kendskab til denne kamp vil
stoppe min tro og tillid, især når jeg står
over for disse kræfter, som Gud allerede
har givet mig. Hvis jeg ikke vidste, at jeg
har denne magt, kan jeg ikke udøve
dem.

Det samme gælder Guds løfte, der
fastslår, at alt, hvad jeg binder på
jorden, er bundet i himlen, og hvis to er

enige om noget på jorden, skal sådan etableres.

For eksempel siger Gud mig i Salme 81:10 at tænke stort. Dette hjælper mig med at gøre det godt med min græshoppe-mentalitet. Baseret på de skriftsteder, jeg har studeret, er jeg godt i stand til at være modig og modig i alle mine opgaver, der er tegn på kristen modenhed.

Når jeg studerer, vil jeg være mere sikker på at undervise andre, fordi jeg helt sikkert ved, at det, jeg underviser, er i tråd med skrifterne. Jeg vil derfor ikke være bange for at lave fejl og ikke skamme mig over resultatet af min undervisningsøvelse.

Guds ord indeholder ikke kun de ting, der skal læres andre, men de ting, der skal vejlede os i at overvinde livets udfordringer. De er til, når jeg studerer, eller du studerer, er vi i stand til at overvinde livets udfordringer og frem

for alt at rådgive andre, der har et behov
eller svært.

I løbet af studiet af verden lærer vi også,
at vi overvundet djævelen ved
vidnesbyrd fra vores mund. Vi vil ikke
være uvidende om djævelens
anordninger, for Bibelen sagde ikke, at
vi omkom, fordi djævelen angriber, men
at vi omkommer, fordi vi mangler
viden. Derfor bliver det mod at blive
fyldt med Guds ord os privilegiet at
overvinde djævelen.

Den kristne vandring, vi må vokse op for
at være som de kristne i Berea, der ikke
kun havde verden, men gik hjem for at
undersøge dem i lyset af
evangeliet. Modenhed kommer fra Guds
ord, vi har i os.

Kapitel 6

FULD OP ALLE RETTIGHEDER

En måde at vokse i Herren er at gå til nogle andre mennesker, der allerede er i marken og opfylde al retfærdighed. Ser du, at du kan gøre ved at ydmyge dig selv foran dem og lade dem vejlede dig og lægge hænder på dig, før du går ud i tjeneste eller livet som en moden person. Bibelen siger, at intet menneske bør tage denne ære for sig selv periode, men ingen skal, men derefter sig selv. Du kan ikke ringe og ordinere dig selv.

Gud Jesus Kristus var Gud; han kom til jorden i kød. For at starte sin tjeneste gik han først til Jesus Kristus til Johannes Døberen, der bad over ham. Kristus beskriver kunsten som at opfylde al retfærdighed. Uanset hvor klog du er, eller hvordan jeg ville have, at du tror, du er, hvis vi skal være som Jesus Kristus, skal vi opfylde al retfærdighed ved at gå til en anden person for at bede og lægge hænder på os. Husk, at på tidspunktet for Moses annullerede Jetro, at Moses efter at have tildelt pligter til de 70 lagde hånd på dem. Ved at gøre det kom ånden i Moses også ind i folket.

Det bringer mig til spørgsmålet om Helligånden. Der kan ikke være nogen reel kristen modenhed uden Helligånden. Han er vores lærer og vores talsmanden. Hans mission på jorden er at styrke dig og mig . Helligånden er som en kvinde. Når en kvinde går til sin mands sted, kommer hun fyldt med gaver for at tilføre sin mand værdi. Det er empirisk bevist, at der er over 40 gaver i Bibelen, som Helligånden kan styrke os med. Disse gaver hjælper os med at modne hurtigt og være klar til kristen tjeneste.

Der er mange måder, hvorpå Helligånden kan komme ind i en troendes liv. En af sådanne måder er ved

at lægge hænderne på
modtageren. Apostel Paulus sagde til
Timoteus at røre ved den gave,
som er blevet deponeret i dig ved
håndspålæggelse.

Når en salvet Guds mand, en åndelig
person lægger hånd på dig, kommer
Helligånden ind i dig, og det er en af
grundene til, at vi anbefaler, at du
udfører al retfærdighed ved at gå til en
mand, der er sammen med
Helligånden. Jeg må understreges, at du
ikke bare går til nogen mand, men den
mand, der allerede er fyldt med
Helligånden. Det vil være prikken over
i'et med hensyn til dig er kristen gang til
modenhed.

Kapitel 7

AT FØRE

Den modne kristen er en sprudlende boble. Han eller hun er altid vild med at gå. Mange af os ser kun det faktum, at Uzziah var nidkær ved at røre ved arken, da han ikke fik lov. Vi glemmer også, at hver mønt har to sider. Når et barn af Go d er lastet, er det altid meget let tab for ting fra Gud.

En moden kristen må ikke være bange eller tage kappen op. den mand, der ikke blev drøftet mellem Elias og Elisa, men da det faldt, tog Elias det op modigt. Da spørgsmålet blev stillet i himlen om hvem jeg skal sende, tøvede Jesus Kristus ikke, du sagde her, jeg sender mig.

Kristen modenhed giver os mod og mod. Vi må derfor ikke vente på, at andre melder sig frivilligt foran os. Når spørgsmålet stilles, løfter vi modigt vores hånd, uanset om andre stadig udsætter eller tøver .

Grunden til, at mange mennesker ikke melder sig frivilligt til Guds arbejde, er, at de hovedsageligt er bange eller svigtende . Når dette år er inde, begynder du at finde undskyldninger og udsætte. Af stolthed har du en tendens til at glemme, at værket ikke er dit, men Herrens, og at han aldrig vil svigte dig. Han sagde, selvom du går gennem dødsskyggens dal, vil jeg ikke forlade dig. Selvom de smider dig igennem i ild, vil jeg være den fjerde mand med dig.

En moden person, der har studeret verden som han eller hun burde kende disse løfter fra Gud og derfor vil være dristig og aldrig bange

Medmindre dit ben rører Jordan, kan floden aldrig adskilles for dig, når der er en risiko, der skal tages for Herren, medmindre du tager det, vil du aldrig vide, hvordan Gud redder. Du vil sandsynligvis kun høre om det, men aldrig smage det. Siger de ikke smagen af budding er at spise?

En måde at vokse i Herren på er at føre hen, hvor der er et vakuum. Gud venter ikke på den perfekte person, hele den kvalificerede person dem, der besvarede opkaldet dem, som han vælger, han kvalificerer. Peter og andre apostle er begrænset på flere måder, men efter at Helligånden kom over dem, var de i stand til at gøre, hvad de ikke kunne gøre før. S poken sprog, som de selv ikke kendte før, og alle mennesker omkring dem forstod, hvad de har at sige.

Ikke kun det ! W høne de står over for situationer, der kræver mirakler, de blev chokeret over at finde, at de var i stand til at udføre de mirakler. Når en købmand sælger en vest til dig og fortæller dig, at vesten er skudsikker, kan du enten tage hans ord for det eller vove dig til et sted, hvor den vil blive testet. Derefter og først da vil du vide, at det er en skudsikker vest.

Hvis Gud har salvet dig
med Helligånden og fyldt dig med hans ord, er den eneste måde, du kan opdage din kristne modenhed på, at du kommer ud og tilbyder dig selv til
lederskab. Kristus sagde selv, at vi skulle gå ind i nationerne. Hvorfor ville han så trygt tale til os?

Det er fordi han har givet os sit ord og også udstyret os med Helligånden og dette og burde være nok til det, der kræves af en kristen. Det eneste, der er tilbage for at bekræfte vores kristne modenhed, er at træde ud i vandet, så det kan komme for os.

KONKLUSION

Kristendommen er som selve livet. Fra den dag, vi er født, til den dag, vi dør, er der meget at gøre.

For at vi kan gå, skal vi først og fremmest kravle. For at vi kan løbe, skal vi først og fremmest gå.

At gøre en ting fører til en anden og styrker vores evner.

Vejen til kristen modenhed er fuld af handling. At gøre en ting vil føre til en anden.

Tværtimod dog , at være inaktiv i Guds hus eller helt Abse nt fører til noget, men atrofi! På et tidspunkt hvor vi formodes at undervise andre, sætter vi os stadig ned og venter på, at folk kommer, og lærere gør for vores umodenhed.

Slutningen af sagen er, at denne konstant i Guds hus lytter opmærksomt

til verden, når den kommer frivilligt,
hvor der er et vakuum og tillader Gud at
kvalificere dig.

Tak skal du have.

M FORFATTEREN

BISHOP OCHEI INNNOCENT ER PRÆSIDENTEN FOR NYE DIMENSIONSEMINARIER INTERNATIONAL.
HAN ER MEDLEM AF DET INTERNATIONALE FELLOWSHIP FOR DE KRISTNE KRISISENTRUM, USA.
Han er gift med Lizzy, og de er velsignet med fire gudfrygtige børn.

OM BOGEN

BABYER MISBRUGES OFTE, FOR DE KENDER IKKE DERES RETTIGHEDER.

HVIS EN KRISTEN ER BABY I GUDS TING, KAN HAN ELLER HAN MISBRUGES AF DEMONER OG GUDLIGE INDIVIDUER.

DEN ENESTE MÅDE AT UNDGÅ DETTE ER AT KENDE TROVERS MYNDIGHEDER - GUD GIVER GAVEVÆRKTØJER, DER SENDER FYNDER, DER ER UDSIGTET.

Bør en mand fortsætte med at være dreng?

DENNE BOG ER ET TIDSPRØVET ROADMAP TIL KRISTISK MODENHED.

Tak endnu en gang for at læse igennem.
newochei@gmail.com
Jeg tilskynder dig til at nå mig med forslag, du har til forbedring af denne bog i den næste udgave. Du kan også efterlade en ærlig anmeldelse af AMAZON.

EN gang til tak, fordi du valgte at læse denne bog, og jeg beder om, at et ord forbliver i dig livet fra denne lille bog. -BISKOP OCHEI Uskyldig.

NOTER

NOTER

NOTER

9 7 9 8 7 1 6 0 8 1 9 9 4